ÉTUDE
SUR LES
TRAVAUX HAGIOLOGIQUES
LITTÉRAIRES ET ARCHÉOLOGIQUES

DE

M. L'ABBÉ PAUL TERRIS

Chanoine honoraire d'Avignon et de Fréjus

PAR

CHARLES CAVALLIER

NOTAIRE HONORAIRE

MONTPELLIER
TYPOGRAPHIE GROLLIER, BOULEVARD DU PEYROU
—
1878

ÉTUDE

SUR LES

TRAVAUX HAGIOLOGIQUES

LITTÉRAIRES ET ARCHÉOLOGIQUES

DE

M. L'ABBÉ PAUL TERRIS

Chanoine honoraire d'Avignon et de Fréjus

PAR

Charles CAVALLIER

NOTAIRE HONORAIRE

MONTPELLIER

TYPOGRAPHIE GROLLIER, BOULEVARD DU PEYROU

1878

ÉTUDE

SUR LES

TRAVAUX HAGIOLOGIQUES

littéraires et archéologiques

De M. l'Abbé Paul TERRIS

Lorsqu'on prend la peine de jeter un coup d'œil sur la liste des publications nouvelles, on y voit figurer un grand nombre de travaux sortis de la plume du clergé. Parmi ces travaux l'histoire locale, l'hagiographie et les ouvrages d'archéologie occupent une place importante. Si l'on ajoute à ces nombreux ouvrages les écrits philosophiques et de controverse, on se demande comment, avec le peu de ressources et le peu de temps dont il dispose généralement, le clergé peut produire tant d'œuvres utiles. La réponse est bien simple, c'est que le clergé aime l'étude et qu'il trouve, en employant ainsi les loisirs dont il peut disposer, les consolations nécessaires aux inévitables amertumes des fonctions sacerdotales, qui ne lui sont guère épargnées, surtout à notre époque.

Ces œuvres nouvelles se classent dans des catégories diverses. Les unes méritent et obtiennent les couronnes académiques. Il en est d'autres qui ne sont pas appelées à cette distinction. Mais ce qu'il y a de certain, c'est qu'on peut les laisser toujours circuler librement et sans danger dans les familles, sans qu'il soit nécessaire de les soumettre préalablement aux vérifications de la Douane maternelle même la plus sévère.

M. l'abbé Paul TERRIS, chanoine honoraire d'Avignon et de Fréjus, par ses diverses publications que nous examinerons successivement, a ajouté de nombreux et brillants chaînons à la série des travaux hagiographiques, littéraires et archéologiques du clergé de Provence, dans les rangs duquel, quoique jeune encore, il occupe une place distinguée.

* *

Il faut espérer que prochainement, sous le titre : *Les Saints du diocèse d'Avignon*, M. l'abbé Paul Terris réunira en un volume les diverses études qu'il a publiées dans la grande Vie des Saints, éditée à Paris, par Vivès, sous la direction de M. Collin de Plancy et de l'abbé Darras.

Ces études, rédigées avec un soin tout particulier, d'après les monuments primitifs, comprennent les vies de : Saint Auspice, — Saint Castor, — Saint Etienne d'Apt, — Saint Marcian, — Saint Agricol, — Saint Ruf, — Sainte Rusticule, — Saint Véran de Cavaillon, — et Saint Siffrein.

L'insertion de ces études dans le grand monument élevé à l'histoire de la sainteté, par des juges aussi compétents que M. Collin de Plancy et l'abbé Darras, prouve évidemment la valeur de ces divers travaux hagiographiques.

Saint Auspice, après avoir été consacré par le pape saint Clément, choisit la ville d'Apt, devenue sous le nom d'*Apta Julia* une puissante colonie romaine, comme centre de son apostolat et y subit un glorieux martyre le 4 des Nones d'août, l'an 102 de J.-C.

Depuis le martyre de saint Auspice jusqu'à la fin du IVe siècle, époque à laquelle apparaît la grande et belle figure de Saint Castor, auquel la ville de Nîmes, lieu de sa naissance, a dédié sa cathédrale, un épais nuage dérobe aux regards de l'histoire les origines de l'église d'Apt.

Le culte de saint Castor n'a jamais subi d'interruption dans la cathédrale aptésienne. Le souvenir de ses vertus, toujours vivant dans la mémoire des habitants de sa ville épiscopale, s'unit avec un religieux respect à celui des délicieuses légendes que la piété de son biographe Raymond Bot, l'un de ses plus savants successeurs, nous a transmises dans un ouvrage devenu très-rare et dont les Bollandistes semblent n'avoir connu que des fragments. A l'aide de ce précieux document, M. l'abbé Paul Terris a publié récemment en brochure la vie de saint Castor, insérée dans le grand ouvrage dont nous avons parlé.

Parmi ces légendes, celles de la Défense de la riche Arlésienne, — du Monastère de Mananque, — de la Fuite de saint Castor pour se dérober au lourd fardeau de l'épiscopat, — du Flambeau que les rafales de l'orage ne parviennent pas à éteindre, — de l'Ours sauvé de la poursuite des chasseurs, — des Fers des captifs brisés à la prière de l'évêque, ravi de pouvoir faire participer ainsi tous ses enfants aux joies des solennités pascales : toutes ces légendes revêtent, sous la plume du nouveau biographe de saint Castor, un charme particulier.

※
* *

Telle nous apparaît aussi la radieuse figure de Saint Siffrein, initié d'abord à la pratique de toutes les vertus et aux secrets de la science, dans la célèbre abbaye de Lérins, cette terre arrosée du sang de tant de martyrs, et sur laquelle une jeune génération de moines sait si bien faire refleurir, de nos jours, les vertus de ses glorieux ancêtres.

De Lérins, Siffrein se rendit à Arles et reçut de saint Césaire l'onction sacerdotale.

Le jour même de sa consécration épiscopale, Dieu accorda à Siffrein le don des miracles. En recevant le baiser de paix du nouvel évêque, un aveugle recouvra la vue. En présence de ce prodige, le peuple acclama la puissance de celui auquel il était réservé de donner sur les siéges de Vénasque et de Carpentras, pendant la durée d'un demi-siècle, les témoignages de la plus auguste sainteté, justifiée par de nombreux miracles.

La vie de saint Siffrein, publiée en brochure en 1875, est depuis longtemps épuisée.

**

Les grandes et belles fêtes de Provence sont nécessairement des solennités religieuses et littéraires, sur cette terre classique de la poésie ; partout où se célèbrent ces fêtes on y retrouve ses poëtes mêlant aux chants de l'Église leurs cantiques religieux et nationaux. Les populations, réunies en masses imposantes, apprennent bien vite ces cantiques, et les répètent avec un tel entrain, que l'on croirait vraiment qu'elles les ont toujours chantés.

Après avoir arboré sur les hauteurs du mont Sainte-Victoire l'étendard de la croix, la même pensée présida à la construction d'une élégante chapelle élevée en l'honneur de Notre Dame de Provence, sur le sol où se trouvait jadis la citadelle de Forcalquier, demeurée célèbre par sa résistance aux envahisseurs de la patrie.

Nous n'avons point à raconter ici les fêtes splendides qui eurent lieu à l'occasion de la bénédiction de ce nouveau sanctuaire. La vieille cathédrale de Forcalquier gardera longtemps le souvenir de l'éloquence de M. l'abbé Paul Terris. Le 12 septembre 1875, il prononça sur les gloires de Notre-Dame un sermon en langue provençale.

Il nous suffira d'en indiquer ici les divisions pour faire comprendre l'émotion avec laquelle l'auditoire accueillit la parole de l'orateur, si bien appropriée à la circonstance. Bienfaits de Marie pour la Provence. — Reconnaissance de la Provence pour Marie. — Érection de la Chapelle de Notre-Dame de Provence ; couronnement magnifique de l'amour de la Provence pour Marie et de Marie pour la Provence.

« Que suis-je, ô sainte Mère de mon Dieu, s'écria l'orateur à la fin de son exorde, pour venir de si loin célébrer vos gloires sur votre montagne sainte. Ah! je le comprends, cette fonction convenait bien mieux à la bouche d'or de ces grands évêques ou de ces prêtres pleins de science et de vertu, l'honneur de ce beau diocèse. — On a voulu que le plus chétif *(lou plus pichounet)*, le plus inconnu de la tribu sacerdotale, fût chargé de porter la parole au nom de ses frères majeurs et dans la langue de ses devanciers. Chétif et inconnu, c'est bien vrai, mais pourtant, citadins de Forcalquier, votre ville me rappelle des souvenirs qui m'émeuvent, et je sais bien que le nom que j'ai l'honneur de porter est encore vivant dans votre mémoire. Ce souvenir et votre indulgence m'inspirent l'élan nécessaire pour entreprendre une tâche aussi difficile. »

Malgré les inconvénients d'une traduction froide et décolorée, je ne puis résister à la satisfaction de citer encore les premières phrases de la troisième partie de ce ravissant discours.

« Tout ce que Marie a fait pour la Provence depuis dix-huit cents ans et tout ce que la Provence a fait pour Marie est bien beau sans doute, mais à tout cela manquait une chose essentielle à la majesté de l'édifice, c'est-à-dire l'unité et le lien.

« Lorsque, en pleins champs, aux ardeurs de l'été, les hommes font la moisson, il ne suffit pas au travailleur que sa faucille, bien affilée, tranche à droite et à gauche les épis blondissants (*bloundinello*), il faut encore au moissonneur le fil d'or qui réunit ensemble les épis pour former les gerbes destinées elles-mêmes à former le gerbier. Eh bien! ce lien manquait à l'honneur de notre seigneuresse, et à l'honneur du peuple provençal.

« C'est à toi, cité de Forcalquier, centre naturel de la Provence, à toi qui, dans le temps passé, devins l'inexpugnable rempart de sa nationalité, qu'il appartenait de servir de lien à la gerbe et de tresser ce fil d'or qu'attendait la dévotion du peuple provençal, en élevant sur l'emplacement qu'occupaient les fiers remparts de ta citadelle cette gracieuse chapelle, devenue comme une nouvelle forteresse destinée à défier non plus la rage des hommes d'armes, mais celle de l'antique ennemi de la nature humaine.... »

L'auditoire fut suspendu aux lèvres de l'orateur avec l'attention la plus soutenue. Sa parole si bien accentuée était parfaitement intelligible à tous, et immédiatement après le sermon, que de frénétiques applaudissements auraient accueilli s'il eût été prononcé ailleurs que dans une église, les membres de la Jurade votèrent par acclamation au jeune prédicateur une médaille de vermeil, qui lui fut offerte à la satisfaction de tous, avec le regret de ne pouvoir lui donner un témoignage plus digne du monument religieux, historique et littéraire qu'il venait d'élever en l'honneur de N.-D. de Provence.

L'éloquence et la poésie sont des dons du ciel. L'abbé Terris a prouvé qu'il savait faire résonner agréablement, chaque fois que l'occasion lui était offerte, les cordes de la lyre provençale et de la lyre française.

Ses cantiques de N.-D. de Santé, de N.-D. de Lourdes, ses odes et ses sonnets à Pétrarque, couronnés par l'Académie du Gard, sont là pour établir avec quelle merveilleuse facilité il sait revêtir sa pensée de la forme poétique et l'assouplir aux rhythmes divers, parfaitement appropriés au caractère particulier de chacune de ses diverses œuvres poétiques.

*
* *

Le 20 septembre 1874, M. l'abbé Terris présentait à la Société littéraire d'Apt son *Rapport sur le cinquième centenaire de Pétrarque*. C'est le narré des fêtes splendides dont Vaucluse et Avignon furent le théâtre pendant les journées mémorables des 18, 19 et 20 juillet de la même année.

Ce Rapport initie parfaitement ceux qui n'ont pas eu le privilége d'assister à ces solennités, à tout ce qui y fut accompli. L'auteur a eu le mérite de présenter en quelques pages très-bien pensées, très-bien écrites, et sous son véritable aspect, la grande figure de Pétrarque, dont plusieurs n'avaient mis en relief que certains côtés, en laissant à l'écart les qualités essentielles qui révèlent en lui « l'érudit infatigable, le philologue auquel appartient l'honneur d'avoir définitivement fixé la langue italienne, le philosophe profond, l'ami constant et sincère, le patriote ardent, mais respectueux des droits du Saint-Siége, comme aussi le chrétien convaincu, croyant et pratiquant ; de celui, enfin, qui, à l'exemple des moines les plus austères, se levait au milieu de la nuit pour réciter ses heures, jeûnant et mortifiant sa chair. »

Il est fâcheux que ce rapport, tiré à cinquante exemplaires seulement, n'ait pas été plus répandu.

*
* *

La Société littéraire, scientifique et artistique d'Apt décernait, en 1869, une médaille d'or, premier prix du concours, aux *Recherches historiques et littéraires sur l'ancienne liturgie de l'église d'Apt*, par M. l'abbé Paul Terris.

Le but de l'auteur, dans ce travail à la fois sérieux et intéressant, a été de sauvegarder de l'oubli, qui tôt ou tard finit par atteindre toutes choses, les traditions antiques de l'église d'Apt et de mettre en lumière la valeur historique et littéraire trop longtemps méconnue de ces vénérables cantiques dont les voûtes de nos temples aimaient tant à retentir.

On n'a point oublié qu'à une époque encore peu éloignée, l'art gothique était par le plus grand nombre considéré comme la suprême expression du mauvais goût. On s'empressait alors de reléguer, dans quelque coin poudreux, ces toiles délicieuses de naïveté et de fraîcheur que Fra Angelico et ses disciples peignaient à genoux.

Les statues, parfois un peu raides de forme, mais si expressives d'idées et de sentiments, subirent le même sort réservé aux chants liturgiques. Heureusement la croisade contre le vandalisme, inaugurée avec tant de talent et de compétence par le comte de Montalembert, d'une part, et par Dom Guéranger, de l'autre, produisit d'heureux résultats.

Les difficultés sont grandes lorsqu'il s'agit de restaurer de vieux édifices presque détruits par la main des vandales, et c'est dans le but d'assurer la conservation et le souvenir de ce qui reste, que l'abbé Paul Terris a publié le Mémoire dont il est ici question.

Après un avant-propos consacré à établir sommairement la valeur historique et littéraire des monuments liturgiques en général, l'auteur étudie avec soin ce qu'il appelle l'époque primitive, sur laquelle il existe fort peu de monuments et dont le point de départ remonte à la fondation de l'église d'Apt et se poursuit jusqu'aux XIIe et XIIIe siècles. Vient ensuite le plein épanouissement de cette liturgie du XIIIe au XVIe siècle.

Son histoire, depuis cette époque jusqu'à nos jours, est développée rapidement dans un dernier chapitre intitulé : *Conclusions*.

L'auteur termine son travail par un aperçu, sous forme d'appendice, plein d'intérêt et de recherches, sur l'art musical dans l'église d'Apt au Moyen Age.

Il est certain que tous ceux pour lesquels cette époque a de l'attrait, voudront lire l'intéressante Étude de l'abbé Terris, publiée à Avignon, chez F. Seguin aîné.

Cette antique liturgie avait son sourire

pour le berceau, ses prières les plus touchantes pour sanctifier l'union des époux ; elle entourait de ses suffrages la couche des moribonds et versait des larmes sur les tombeaux. »

Pourquoi faut-il que, dans les remaniements successifs qu'a subis le propre du diocèse d'Avignon, l'église d'Apt, comme celle de Carpentras, n'ait pu sauver du naufrage une seule antienne des temps passés ? Ce serait certainement pour l'auteur, comme pour tous les amis des chants liturgiques, le plus précieux résultat, si ces antiques monuments de la foi d'un autre âge trouvaient place dans une prochaine édition du Propre diocésain.

SAINTE ANNE D'APT

SES TRADITIONS, SON HISTOIRE, D'APRÈS LES DOCUMENTS AUTHENTIQUES [1]

CETTE étude est la plus importante des publications faites, jusqu'à ce jour, par M. l'abbé Terris. Réunissant aux qualités sérieuses d'une sage et patiente critique le mérite d'un livre édifiant, elle a été honorée de la haute approbation de Mgr l'évêque de Fréjus et Toulon, après avoir obtenu, au concours historique de 1873, ouvert par la Société littéraire d'Apt, le premier prix, une médaille d'or.

L'auteur raconte d'abord simplement les traditions relatives à l'origine et à l'invention des reliques de sainte Anne, mère de la

[1] 1 vol. in-12. Avignon, F. Seguin aîné, imprimeur-libraire.

bienheureuse Vierge Marie. Ces reliques sont, depuis un temps immémorial, l'objet d'un culte particulier dans l'ancienne cathédrale d'Apt.

Il sait parfaitement se tenir à égale distance d'une crédulité trop grande ou d'une incrédulité trop absolue. Sa critique réussit fort bien à dégager l'élément historique des superfétations légendaires, de telle sorte que le lecteur peut parfaitement, à l'aide de ce fil conducteur mis entre ses mains, asseoir ses convictions sur des bases solides qu'il faut accepter.

L'origine des reliques de sainte Anne fournit à M. l'abbé Terris l'occasion d'étudier avec soin l'histoire de l'évangélisation des Gaules, pendant les premiers siècles de l'ère chrétienne, et des diverses traditions qui se rattachent à ce grand fait historique et religieux.

Puis la nuit se fait; les reliques de sainte Anne restent inconnues pendant plusieurs siècles d'invasion, de dévastation et de ruines.

Enfin, ces reliques sont miraculeusement

retrouvées par Jean, fils du seigneur de Cazeneuve, aveugle, sourd et muet, devenu lui-même, après cette invention, l'objet d'une triple guérison plus miraculeuse encore.

Le chapitre dont l'objet est d'établir les bases sur lesquelles repose la croyance à cette invention miraculeuse, doit être considéré comme un modèle achevé de sage et judicieuse critique.

La dernière partie de l'ouvrage présente l'histoire du culte de sainte Anne d'Apt, depuis les temps carlovingiens jusqu'à nos jours. Ici finit la légende et commence le domaine de l'histoire, réduit d'abord à des notions vagues et incertaines, mais rayonnant ensuite dans son plein jour.

Bien que le culte public de sainte Anne remonte, dans l'Église d'Orient, aux temps les plus reculés, il n'en fut pas de même de l'Église d'Occident, où il ne s'établit qu'au XIIIe siècle.

Les honneurs rendus aux reliques de sainte Anne par l'église d'Apt se bornèrent originairement à un culte en dehors des formules officielles de la liturgie.

Ce n'est qu'à partir de la seconde moitié du XIII⁰ siècle que l'on peut assigner avec certitude l'époque de la solennité liturgique annuelle, célébrée primitivement le 26 juillet, et, de nos jours, le dimanche suivant.

Les nombreuses donations et offrandes faites en l'honneur des reliques de sainte Anne, pendant le XIV⁰ siècle, témoignent hautement du développement de cette dévotion.

Parmi ces donations, il faut signaler celle d'un calice de forme antique, aux armes de la noble famille de Beissan, et l'hommage fait de sa dépouille, par l'illustre cardinal Philippe de Cabassole, à l'église d'Apt, à cause de la dévotion qu'il avait pour sainte Anne.

Pendant le cours du XV⁰ siècle, le culte de sainte Anne, sous l'impulsion efficace de Jean Filleti, neveu du cardinal Jean de la Grange et évêque d'Apt, prit dans le monde chrétien une place plus importante.

De nombreuses parcelles de reliques furent distribuées et le Chapitre se montra parfois si prodigue, que l'*Autorité civile* dut prendre des mesures pour mettre un terme à des libéralités devenues excessives.

Des flots pressés de pèlerins venaient de toutes parts vénérer ces reliques ; parmi ces pèlerins il faut citer la reine Jeanne de Naples, son royal époux, Jacques d'Aragon, et un siècle plus tard, le roi René d'Anjou, si populaire encore en Provence.

La ville d'Apt conserve le souvenir de la protection spéciale dont elle fut plusieurs fois l'objet par suite de l'intercession de sainte Anne, à l'égard de laquelle sa dévotion va toujours grandissant.

Cette protection se manifesta d'une façon toute particulière pendant le cours du XVIe siècle.

Enfin, en l'année 1584, le pape Grégoire XIII étendit à l'Église universelle la fête de sainte Anne, célébrée seulement jusqu'alors par quelques églises particulières.

La dévotion de sainte Anne se développa bien plus encore au XVIIe siècle. Le bruit des miracles opérés par son intercession arriva jusqu'à la cour de France, et l'on vit alors la pieuse Anne d'Autriche, la noble compagne de Louis XIII, venir s'agenouiller devant les reliques de sa sainte patronne.

En cette même année 1623, le culte de sainte Anne jaillissait avec toute la séve de la jeunesse sur le sol de la vieille Armorique, et depuis cette époque la dévotion de sainte Anne d'Apt et de sainte Anne d'Auray est venue resserrer les liens qui unissent la Bretragne à la Provence, dans une pieuse confraternité.

Au commencement du XVIII° siècle, la cathédrale d'Apt avait besoin de grandes réparations. Pour y subvenir, on trouva tout naturel de vendre une partie des objets précieux que la piété des siècles avait accumulés dans le trésor de sainte Anne. La plupart des magnifiques lampes d'or et d'argent qui ornaient la chapelle vénérée furent aliénées. Ce fâcheux exemple fut suivi, d'une façon radicale, par les vandales de 1792.

Les richesses considérables en or, en

argent et pierres précieuses que renfermait encore le trésor de l'église d'Apt, furent vendues au profit de la nation.

Heureusement les reliques furent sauvées, et lorsque l'aurore se leva sur des jours plus sereins, le culte de sainte Anne refleurit d'une façon merveilleuse.

Ce culte, parvenu à son entier épanouissement, va bientôt briller d'un nouvel éclat, à l'époque des fêtes qui auront lieu à l'occasion du couronnement de la statue de la grande Sainte, comprise dans le groupe en marbre de Carrare dont Mgr Dubreuil a si gracieusement fait don à l'église d'Apt

On dirait que la Providence a voulu d'abord faire asseoir sur le siége de Vannes, dont sainte Anne d'Auray est le plus précieux joyau, le prélat qui gouverne actuellement l'église d'Avignon, afin de resserrer davantage les liens de la dévotion commune existant entre la Provence et la Bretagne, si étroitement unies par les mêmes aspirations et la même foi.

Nous dérogerions entièrement à nos habitudes de franchise ordinaire, si nous terminions ce travail sans dire un mot du charme particulier que nous a procuré la lecture de l'étude sur sainte Anne d'Apt, par M. l'abbé Paul Terris.

Cette œuvre, résultat de consciencieuses et solides recherches, offre jusqu'à la fin un intérêt toujours grandissant. On y retrouve, chemin faisant, les silhouettes parfaitement reproduites des personnages importants dont l'auteur a l'occasion de parler ; on assiste avec lui à ces fêtes que la naïve piété de nos ancêtres savait si bien organiser, à ces processions de pénitents et autres, toujours attrayantes, auxquelles les ombres de la nuit, illuminées par de nombreux flambeaux, impriment quelquefois un caractère de sévère majesté ; on examine avec lui ces tableaux votifs, témoignages touchants de la reconnaissance des fidèles. On voudrait pouvoir détacher de la couronne de pampre de sainte Anne ces grappes vermeilles de raisins d'une mâturité précoce, auxquelles la foi des habitants de la ville d'Apt attribue des qualités particulières. On applaudit avec l'auteur au grand mouvement de renaissance de la poésie et de la littérature provençales. On répète avec lui les naïves légendes transmises par les ancêtres sur les lèvres de leur postérité, dans l'idiome national.

On relit avec ravissement les récits consignés dans les hymnes, antiennes et répons de l'office de sainte Anne, « fonds d'or sur lequel ils s'adaptent, comme une délicieuse broderie » ; on se réjouit enfin que des juges compétents, pénétrés des qualités supérieures de cette Étude sur sainte Anne, aient décerné à l'auteur la haute distinction qu'il a si justement méritée.

M. l'abbé Paul Terris appartient à une ancienne famille originaire d'Écosse, fixée depuis plusieurs siècles dans le Comtat et qui fut appelée par les papes à d'importantes charges administratives.

Pénétré de cette vérité que *Noblesse oblige*, M. l'abbé Terris contribue largement à communiquer au nom qu'il a l'honneur de porter un lustre nouveau. — Neveu et collaborateur de l'ancien curé de Cavaillon et de Carpentras, dont le souffle fécond a su donner à l'œuvre des *Bibliothèques paroissiales* une merveilleuse extension et faire de la *Revue des Bibliothèques* l'organe le plus accrédité de la presse religieuse en province, M. l'abbé Terris n'a eu qu'à suivre le sillon si heureusement ouvert devant lui par son oncle, pour développer ses précieuses qualités natives. Nous ne saurions trop le féliciter du rare privilège qui lui a été réservé d'avoir sans cesse devant les yeux, dans la personne de Mgr l'évêque de Fréjus, le salutaire exemple d'un administrateur zélé et prudent, d'un ami éclairé de l'art chrétien, d'un archéologue distingué, d'un artiste d'un goût parfait, d'un orateur remarquable par les irrésistibles séductions d'une parole à la fois brillante et apostolique; d'un évêque enfin, auquel il a suffi de rappeler ses souvenirs et de laisser courir sa plume, pour résumer magistralement, dans le Mandement de prise de possession de son Siége, l'histoire ecclésiastique du diocèse à

la tête duquel la divine Providence l'a placé,
et que les populations ont chaleureusement
acclamé comme un compatriote et un ami.

* * *

L'heureuse impulsion communiquée à sa
famille par l'Évêque de Fréjus a été féconde
en résultats. M. Jules Terris, marchant sur
les traces de son oncle et de son frère, a déjà
publié un remarquable *Discours, à l'occasion du centenaire de Saboly*, — un intéressant épisode sur l'histoire d'Apt au XVIIe
siècle, intitulé : *Une querelle de moines*, —
une étude archéologique sur *l'Hôtel d'Autric*, — une Notice sur l'établissement des
Recollets à Bonnieux, — un intéressant
tableau de mœurs, sous ce titre : *Un père
de famille au XVIIe siècle*, etc. ; enfin,
tout récemment, un très-bel ouvrage ayant
pour titre : *Les Évêques d'Apt, leurs blasons et leurs familles ;* superbe volume
in-4°, avec blasons gravés, imprimé par
Fr. Seguin aîné, à Avignon.

Ce travail important, accueilli avec un
empressement marqué, a déjà obtenu les

plus augustes et les plus précieux encouragements

⁎

Pour être complet, je devrais dire un mot des autres travaux de M. l'abbé Paul Terris auxquels ont été déjà décernées dans divers concours les récompenses qu'ils méritaient. Nous attendrons, pour en rendre compte, leur publication.

M. l'abbé Terris est en trop bon chemin pour s'arrêter là; et nous espérons bien qu'il élèvera un jour en l'honneur et à la gloire de saint Elzéar et de sainte Delphine, objets de ses études de prédilection, un monument digne de figurer à côté de l'histoire de sainte Elisabeth de Hongrie par le comte de Montalembert, et de la vie de saint Dominique par le R. Père Lacordaire.

Ch^{es} C.

Domaine de Rieutord, près Aimargues (Gard),
le 28 avril 1877.

Tiré à 100 exemplaires :

75 sur papier vélin,
25 sur papier jonquille.

www.ingramcontent.com/pod-product-compliance
Lightning Source LLC
Chambersburg PA
CBHW060510050426
42451CB00009B/917